Hi,

wir sind **Heiko** und **Roman Lochmann**. Mit unseren Videos haben wir tausende Menschen begeistert und mit unserer Leidenschaft für Entertainment erreicht. Jetzt seid ihr dran!

In diesem Buch findest du jede Menge Tipps, Tricks und Storys, wie du deine eigenen Videos drehen und optimal für deine Fans verbessern kannst. Zum Beispiel, welche Ausrüstung die Richtige ist, wie du den perfekten Drehort findest oder wie du dich mit Lichteffekten perfekt in Szene setzt. Aber wir wollen unseren Platz hier nutzen, um dir zu erzählen, was unserer Meinung nach am wichtigsten ist: Spaß & Leidenschaft.

Wir wussten schon immer, dass wir auf der Bühne stehen wollen, um das zu präsentieren, was wir am meisten lieben: die Musik. Das Internet war genau die richtige und perfekte Plattform dafür. Angefangen haben wir mit dem Schreiben von Song-Übersetzungen und Parodien. Wir haben einfach ausprobiert, was überhaupt möglich ist und worauf wir die meiste Lust hatten. Dann begannen wir unsere ersten eigenen Musikvideos zu drehen und stellten sie online, um sie mit euch allen zu teilen.

Dabei haben wir bemerkt, dass wir auch einfach unbeschreiblich gerne vor der Kamera stehen und Zuschauer unterhalten. Wir lieben es einfach, zu entertainen! Und all das geht im Internet einfach so – du hast keine Fernsehshow und keine Redaktion, sondern du tust das, was dir am meisten Spaß macht, und stellst es online.

Was wir dir mitgeben wollen, ist, was wir daraus gelernt haben: Glaub an dich!
Finde heraus, was deine Leidenschaft ist, und gib immer 100 Prozent. Erfolg kommt nicht über Nacht, du musst dranbleiben. Aber darum geht es ja: Du musst das finden, was du liebst. Denn dann geht das auch ganz einfach – und du hast Spaß daran, weiterzumachen und besser zu werden.

Denke immer positiv. Lerne von Menschen, die Experten in einem Bereich sind, und hole dir Kritik von Außenstehenden, um dich und deine Stärken weiterzuentwickeln. Das kann manchmal unangenehm sein, aber es hilft mega, wenn du hörst, wie dein Umfeld, deine Freunde oder deine Zuschauer über deine Arbeit denken. Entwickle dich immer weiter und bleib nie stehen, hab immer Bock, etwas Neues zu lernen, neue Herausforderungen anzugehen und deine Videos besser zu machen!

Es wird immer Rückschläge geben – Momente, in denen es nicht perfekt läuft. Das ist ganz normal und passiert jedem Künstler. Lass dich davon nicht einschüchtern – arbeite an dir, deinen Fähigkeiten und deinen Videos, nimm Hinweise und Feedback an.

Wir sind richtig gespannt, was ihr für coole Videos produziert, und werden sicher den ein oder anderen, der dieses Buch hat, später mal treffen. Wir freuen uns!

Heiko & Roman

Wer gehört zum Team?

An einer Video-Produktion arbeiten meist mehrere Leute mit und jeder spielt eine wichtige Rolle. Damit dein Team erfolgreich zusammenarbeitet, solltest du wissen, wer welche Aufgabe hat.

Die Crew

Spiele als Regisseur nicht den Boss, sondern behandle deine Crewmitglieder mit Respekt. Dafür solltest du genau wissen, wer für was verantwortlich ist.

Komponist/in
Der Komponist schreibt die Musik für das Video.

Tontechniker/in
Der Tontechniker zeichnet den Ton auf, prüft die Lautstärke und stellt die Mikrofone auf.

Runner
Der Runner ist das „Mädchen für alles" am Set. Er erledigt Aufträge und packt überall mit an.

Regisseur/in
Der Regisseur ist der kreative Kopf des Ganzen. Er gibt Anweisungen, motiviert und holt das Beste aus seiner Crew heraus.

Produzent/in
Der Produzent organisiert nicht nur die Dreharbeiten. Er sorgt auch dafür, dass jeder weiß, wann er wo zu sein hat.

Kameraleute
Die Kameraleute sind für die Beleuchtung und das Filmen zuständig.

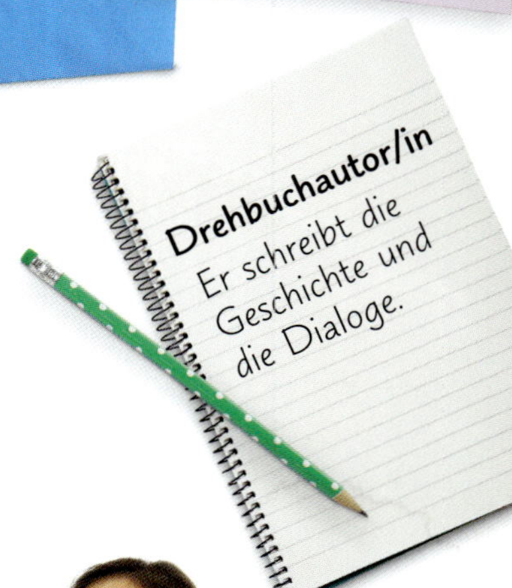

Drehbuchautor/in
Er schreibt die Geschichte und die Dialoge.

Choreograf/in
Er übt mit den Darstellern Tanz und Bewegung.

Schauspieler/in
Die Darsteller spielen entweder eine Rolle oder sich selbst.

Maskenbildner/in
Ein Maskenbildner schminkt und frisiert die Darsteller.

Stylist/in
Er arbeitet eng mit dem Maskenbildner zusammen, konzentriert sich aber auf Kostüme und Accessoires.

Szenenbildner/in
Er entwirft und baut die Sets für das Video.

Cutter/in
Nach den Dreharbeiten schneidet der Cutter das Material zum endgültigen Film zusammen.

Regie-Kommandos

Es ist dein Job als Regisseur, deiner Crew Anweisungen zu geben. Hier sind die wichtigsten Kommandos in der richtigen Reihenfolge.

1. Wenn alle bereit sind, rufst du zur Vorbereitung auf die Aufnahme: **„Ruhe, bitte!"**

2. Warte einen Moment, bis alle ruhig sind, und rufe dann: **„Ton ab!"**
Das ist das Zeichen für den Tontechniker, mit der Aufnahme zu beginnen. Er antwortet: **„Läuft!"**

3. Dann sagst du: **„Kamera ab!"**, damit der Kameramann anfängt zu filmen.
Er ruft zurück: **„Läuft!"**

4. Wenn du mit Musik drehst, sage: **„Musik ab!"**, und warte auf die Bestätigung.

5. Schließlich rufst du: **„Action!"**, und der Dreh beginnt.

6. Am Ende der Aufnahme solltest du noch ein paar Sekunden warten und dann **„Cut!"** rufen.

7. Hat alles funktioniert, machst du weiter und sagst: **„Nächste Szene!"**

Deine Ausrüstung

Du kannst dir heutzutage recht einfach die nötige Ausrüstung besorgen. Entweder du arbeitest nur mit der Kamera oder du nutzt praktische Hilfsmittel wie ein Stativ, ein Mikrofon oder Requisiten. Ganz wichtig: Fantasie und etwas Planung!

Kamera

Finde die richtige Kamera für dein Projekt. Ein Smartphone hat in der Regel eine eingebaute Kamera. Du kannst dir auch eine etwas professionellere Videokamera besorgen.

Effekte
Mit Effekten kannst du die Farben im Video verändern.

Beleuchtung
Dunkle Aufnahmen lassen sich mit diesem Werkzeug aufhellen.

Fokus
Der Fokus sorgt für die Scharfeinstellung. Die meisten Kameras haben eine Autofokusfunktion.

Zoom
Damit kannst du Objekte näher heranholen.

Zubehör

Manchmal reicht eine Kamera allein aus, um ein Meisterwerk zu filmen. Entsprechendes Zubehör kann dir aber den Dreh erleichtern.

Mikrofon

Schließe das Mikrofon für einen besseren Ton direkt an die Kamera an.

Computer

Du kannst Videos auf einen Computer hochladen und sie mit Schnittprogrammen bearbeiten.

Selfiestick

Damit kannst du dich selbst besser filmen, wenn du z. B. unterwegs bist.

Stativ

Ein Stativ gibt der Kamera festen Halt. Es eignet sich besonders, um Zeitraffer-Videos (siehe Seite 18–19) zu filmen, in denen die Welt sich scheinbar schneller dreht.

Requisiten

Requisiten nennt man alle Gegenstände, die im Video zu sehen sind. Setze sie geschickt ein, um deine Geschichte noch spannender zu machen.

Der Ton
muss stimmen

Die Tonaufnahmen deines Videos sind mindestens genauso wichtig wie das Bildmaterial. Wenn du z. B. ein Interview filmst, spielt der Ton eine große Rolle. Die folgenden Tipps sorgen für eine saubere Tonqualität.

PROFI-TIPPS

- Für manche Drehs musst du den Ton getrennt vom Bild aufnehmen. Das Zusammenfügen von Ton- und Videospur nennt man Synchronisation.
- Eine Klappe oder Händeklatschen erleichtert die Synchronisation. Beim Schnitt kannst du das Geräusch auf der Tonspur dem passenden Bild der Klappe bzw. der Hände zuordnen.

Mikrofoneinsatz

Die meisten Kameras haben bereits eingebaute Mikrofone, um den Ton aufzunehmen. Ein externes Mikrofon liefert jedoch bessere Aufnahmen.

Nimm einen Selfiestick, damit du das Mikro nicht berührst.

Sprich deutlich!

Eingebautes Mikrofon
Die in Handys eingebauten Mikrofone zeichnen über einen Lautsprecher auf. Pass auf, dass du den Lautsprecher nicht mit dem Finger verdeckst.

Achte darauf, dass das Mikro nicht im Bild zu sehen ist, wenn es nicht zur Szene gehört.

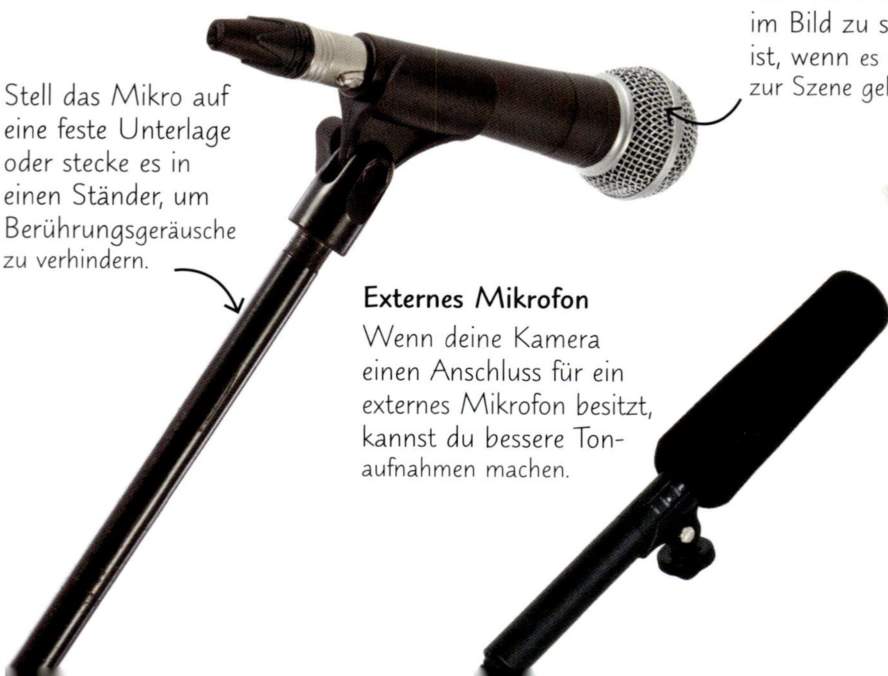

Stell das Mikro auf eine feste Unterlage oder stecke es in einen Ständer, um Berührungsgeräusche zu verhindern.

Externes Mikrofon
Wenn deine Kamera einen Anschluss für ein externes Mikrofon besitzt, kannst du bessere Tonaufnahmen machen.

Windschutz

Der Windschutz ist ein Überzug für das Mikro aus flauschigem oder weichem Material. Er dämpft ungewollte Windgeräusche.

So geht es auch

Wenn du keinen richtigen Windschutz hast, stülpst du einfach eine alte Socke über das Mikrofon.

Toneffekte

Für etwas ausgefallenere Tonaufnahmen kannst du mit Alltagsgegenständen Spezialeffekte erzeugen. Hier findest du einige Anregungen zum Ausprobieren und Weiterentwickeln.

Donner

Biege oder schüttle ein Stück Alufolie.

Feuerknistern

Zerknülle Backpapier.

Regen

Lass Reis oder Körner auf ein Blech rieseln.

Matsch

Knete nasse Nudeln mit der Hand.

Pferdehufe

Schlage Kokosnussschalen auf eine harte Fläche oder auf Kies.

Kamera-führung

Unterschiedliche Kamerabewegungen machen dein Video spannend und dynamisch. Du kannst deine Geschichte besser erzählen, wenn du die Kamera bewegst und so dem Zuschauer mehr Einzelheiten bietest. Hier sind die vier wichtigsten Kameraführungen.

PROFI-TIPPS

- Je schneller du die Kamera schwenkst, umso weniger Details kann man erkennen. Probiere verschiedene Geschwindigkeiten aus.
- Zoome langsam aus einer Nahaufnahme heraus, um deine Zuschauer mit dem, was nach und nach sichtbar wird, zu überraschen.

Horizontalschwenk

Der Horizontalschwenk ist eine waagrechte Kamerabewegung. Du kannst damit einen tollen Ort zeigen oder deine Schauspieler der Reihe nach einführen.

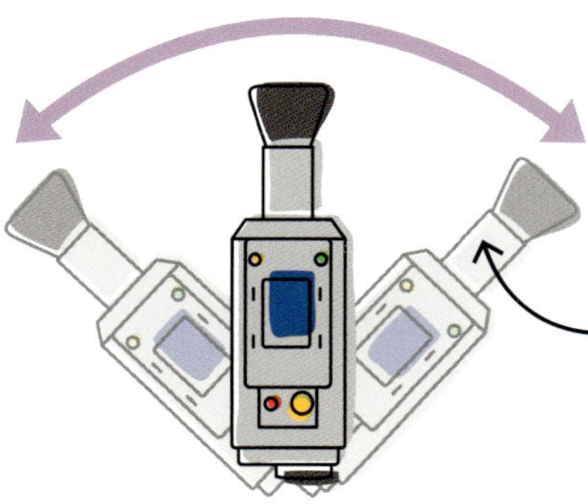

Der Schwenk von einer Seite zur anderen gibt der Szene Weite.

Ein Linksschwenk bezieht das Meer mit ein, ein Rechtsschwenk die Klippen.

Vertikalschwenk

Der Vertikalschwenk ist eine senkrechte Kamerabewegung. Du kannst einzelne Schauspieler in Szene setzen, indem du sie von unten nach oben filmst.

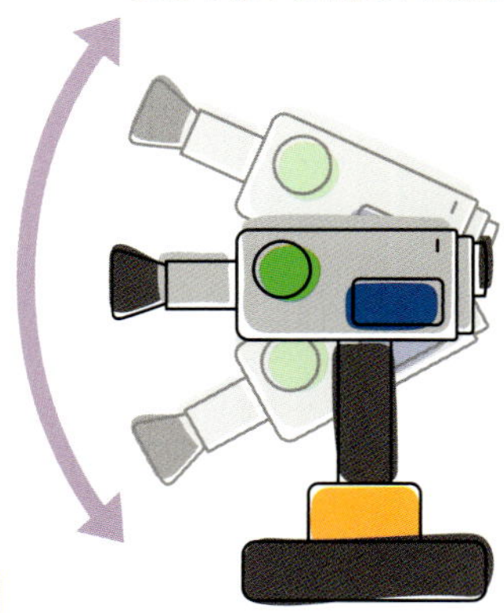

Schwenke nach oben, um Blätter und Himmel zu zeigen, oder nach unten zum Fuß des Baums.

Zoomen

Beim Heranzoomen geht man von einer Totalen in eine Nahaufnahme über. So lassen sich Details einer Szene, wie z. B. der Kopf dieses Vogels, hervorheben. Herauszoomen ist der Wechsel von der Nahaufnahme zur Totalen.

Zoome den Kopf des Vogels langsam heran, damit man seinen Schnabel sieht.

Tracking

Wenn die Kamera einer Bewegung folgt, z. B. einem Radfahrer, nennt man das Tracking. Halte dein Motiv in der Bildmitte, damit es so aussieht, als ob die Umgebung ringsum vorbeiflitzt.

Wenn die Kamera dem Radfahrer folgt, verschwimmt die Umgebung.

Licht bei Innenaufnahmen

Innenaufnahmen bieten die Chance, mit künstlichem Licht hübsche Effekte zu erzeugen. Bevor du mit der Beleuchtung loslegst, solltest du ein paar positive (Pro) als auch negative (Kontra) Punkte kennen, um ungewollte Ergebnisse zu vermeiden.

Pro: Schafft Atmosphäre.

Kontra: Das Licht wechselt ständig und ist letztlich nicht besonders hell.

Discokugel

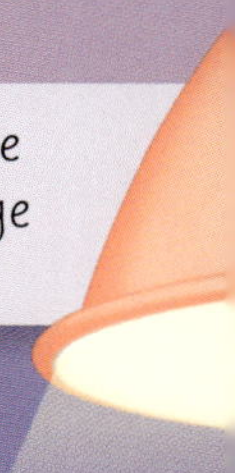

Pro: Der Raum wird gleichmäßig hell ausgeleuchtet.

Kontra: Eine einheitliche Beleuchtung kann Dinge flach wirken lassen.

Natürliches und künstliches Licht

Wenn bei einer Innenszene Sonnenlicht durchs Fenster fällt, nutzt du natürliches Licht. Sobald du mit Lampen, Scheinwerfern oder anderen Lichtquellen drehst, arbeitest du mit künstlichem Licht.

Wenn du mit Kunstlicht filmst, haben die Farben einen leichten Orangestich.

Videos, die bei Tageslicht gefilmt werden, wirken bläulich.

Kameraeinstellungen

Du kannst bei deiner Kamera den „Weißabgleich" einstellen, der die Farben kühler (blauer) oder wärmer (röter) macht. Falls deine Kamera das automatisch tut, versuche herauszufinden, wie du die Bildfarbe selbst anpassen kannst.

Auto – In diesem Modus sucht sich die Kamera die optimale Lichteinstellung.

Kunstlicht – Die beste Einstellung für Innenaufnahmen mit künstlichem Licht.

Tageslicht – Die perfekte Einstellung für sonnige Außenaufnahmen.

Wolken – Bei Wolken wird das Bild „erwärmt" und hat weniger Blaustich.

Pro: Gibt ein schönes, funkelndes Licht.

Kontra: Das Licht ist nicht hell genug, um ein Motiv auszuleuchten.

Pro: Das Profi-Gerät sorgt für gleichmäßig helles Licht.

Kontra: Das Licht wird unvorteilhaft, wenn der Scheinwerfer zu nah am Set steht.

Eine Tischlampe gibt schönes, weiches Licht, wenn man die Decke anstrahlt, wirft aber oft unerwünschte Schatten auf Gesichter.

Pro: Bei verstellbaren Lampen kannst du das Licht gut ausrichten.

Kontra: Lampen sind zu schwach für die gleichmäßige Beleuchtung eines Sets.

Pro: Eignet sich für ausgefallene, kreative Lichtinszenierungen.

Kontra: Wenn du etwas direkt anleuchtest, kann es zu grell wirken.

Pro: Sie geben weiches, schimmerndes Licht.

Kontra: Das Licht ist zu schwach, um ein ganzes Set oder ein Motiv auszuleuchten.

Die Suche nach dem Drehort

Die Suche nach einem Drehort nennt man auch „Scouting“. Schau dir mehrere Orte an. Du kannst auch an unterschiedlichen Schauplätzen drehen. Wähle abwechslungsreiche Plätze mit interessanten Perspektiven und Lichtverhältnissen aus.

CHECKLISTE

- ✓ Brauchst du für diesen Ort eine Drehgenehmigung?
- ✓ Ist an dem Ort viel los? Sobald du andere Menschen filmst, brauchst du ihr Einverständnis.
- ✓ Gibt es einen Stromanschluss?
- ✓ Sind Toiletten und andere notwendige Einrichtungen vorhanden?

Der richtige Drehort

Arbeite mit der Checkliste und stell dir folgende Fragen: Willst du drinnen oder draußen drehen? Kannst du an dem Ort bei jedem Wetter drehen? Welche Stimmung soll der Ort vermitteln? Hier findest du einige Vorschläge.

Rutschen oder Schaukeln sorgt für Bewegung.

Musikvideo
Ein Spielplatz in knalligen Farben ist perfekt für ein fröhliches Musikvideo oder um deine Freunde beim Spielen und Picknicken zu filmen.

Ferientagebuch
Ein Freizeitpark ist ideal für ein Videotagebuch. Konzentriere dich auf Einzelheiten. Vermeide Nahaufnahmen von fremden Personen.

Stadtleben
Drehe vor einer bunt bemalten Wand eine Dokumentation oder ein Interview.

Natur
Ein Wald hat die ideale Atmosphäre für ein Drama.

Nutze das natürliche Licht.

Disco
Wenn du nicht vor Ort filmen kannst, verkleide dein Zimmer mit dunklen Materialien und hänge Discolichter auf.

Strandurlaub
Ein Strand ist die perfekte Kulisse für ein Urlaubsvideo. Filme Einzelheiten wie eine Sandburg, Steine oder Muscheln.

Greenscreen-Technik

Mit einem Greenscreen kannst du irre Videos drehen. Die Technik ermöglicht dir, Personen oder Gegenstände vor einen ungewöhnlichen Hintergrund zu setzen. Probiere es auf einem Tisch mit einem Stück grünem Karton, ein paar Lampen und einem Spielzeug-Dinosaurier aus.

2

Bearbeitung
Du entfernst den grünen Hintergrund mit dem Greenscreen-Werkzeug deines Schnittprogramms. Befolge genau die Anleitung oder hole dir Tipps online.

Wie funktioniert Greenscreen?

Wenn du etwas vor einem leuchtend grünen Hintergrund gefilmt hast, kannst du das Objekt ganz leicht herausschneiden und die grüne Fläche durch einen beliebigen Hintergrund ersetzen.

1

Bewege den Dinosaurier
Bewege den Dinosaurier mit Hilfe eines angeklebten, grünen Kartonstreifens, den man später rausschneiden kann.

Halte deine Hand aus dem Bild.

Beleuchte das Set von mehreren Seiten, sodass keine dunklen Stellen entstehen.

Bewege das Objekt vom Karton weg, um Schatten zu vermeiden.

3

Hintergrund einfügen
Welchen Hintergrund willst du einfügen? Der Dinosaurier kann vor einem Vulkan stehen oder eine Stadt erschrecken!

Endlose Möglichkeiten

Experimentiere in Spaß-Videos mit Ideen und unterschiedlichen Hintergründen. Deiner Fantasie sind dabei keine Grenzen gesetzt.

Schicke dein Haustier in den Weltraum.

Ein Pilot fliegt ohne Flugzeug!

Requisiten in Bewegung

Erwecke stillstehende Gegenstände mit Stop-Motion-Magie zum Leben. Nimm eine Serie von Standbildern auf und verändere bei jedem Bild die Position der Gegenstände. Wenn du die Bilder auf deinen Computer importierst und schnell hintereinander abspielst, scheinen sich die Gegenstände zu bewegen.

Günstige Perspektiven

Filme aus verschiedenen Perspektiven, damit das Rennen spannender wird. Mehr über Kameraführung erfährst du auf Seite 8–9.

Achtung, fertig, los!

Filme ein Stop-Motion-Rennen mit zwei Spielzeugautos. Male zuerst die Rennstrecke auf. Die Abstände der Striche der Mittellinie sollten immer gleich groß sein. Setze nun das Siegerauto bei jeder Aufnahme um drei Striche nach vorn, das Verliererauto nur um zwei.

Mit etwas Klebemasse rollt das Auto nicht davon.

Bildrate

Die Bildrate ergibt sich aus der Anzahl der Bilder pro Sekunde. Hier siehst du eine Bildrate von 12 Bildern pro Sekunde, das ist die am meisten genutzte Bildrate für Trickfilme.

Kaum zu glauben

Stop-Motion eignet sich perfekt, um das Unmögliche möglich erscheinen zu lassen. Mit Klebemasse kannst du das Auto z. B. eine Wand hochfahren lassen. Bestimmt fallen dir noch mehr Tricks ein!

PROFI-TIPPS

- Mit Stop-Motion zu filmen benötigt etwas Zeit, aber das Ergebnis kann sich sehen lassen.
- Schalte den Autofokus aus und stell die Schärfe für jede Einstellung manuell ein.
- Wenn du beim Versetzen der Autos die Abstände variierst, wirken sie schneller oder langsamer.
- Für nur 4 oder 5 Sekunden Filmmaterial brauchst du viele Bilder. Importiere die Bilder und baue dein Video mit der „12 Bilder pro Sekunde"-Option deiner Software zusammen.

Versetze die Autos nur in kurzen Abständen, sonst ist das Rennen zu schnell vorbei.

1 Filmsekunde entspricht 12 Bildern.

Drehe ein Video im Zeitraffer

Zeitraffer-Videos sind etwas Besonderes, weil sie die Zeit scheinbar schneller vergehen lassen. Mit dieser Technik werden Vorgänge sichtbar beschleunigt oder lange Filmabschnitte zeitlich verkürzt.

Sonnenaufgänge und -untergänge sind sehr beliebte Zeitraffer-Motive.

Filme ein Kunstprojekt

Baue Kamera oder Handy auf und filme, wie du ein Kunstwerk erstellst, z. B. eine Collage. Wenn du fertig bist, beschleunigst du die Aufnahme mit deiner Bearbeitungssoftware.

Filme jeden Arbeitsschritt, damit deine Zuschauer alles nachmachen können.

Ohne Zeitraffer: 20 Minuten

Mit Zeitraffer: 20 Sekunden

Verändere den Zoom oder die Kameraposition, um verschiedene Blickwinkel zu bekommen.

Ein kurzes Zeitraffer-Video zu filmen, kann Stunden oder sogar Tage dauern.

Bitte einen Erwachsenen, dir beim Ausschneiden zu helfen.

Weitere Ideen

Es gibt ganz viele Gelegenheiten, um mit Zeitraffer zu arbeiten. Vorbeiziehende Wolken, eine kriechende Schnecke, eine sich öffnende Blüte oder ein cooles Wissenschaftsexperiment wären weitere Ideen.

Wie toll sieht dieses schmelzende Eis wohl beschleunigt oder rückwärts abgespielt aus?

PROFI-TIPPS

- Prüfe vor Drehbeginn, ob die Speicherkarte deiner Kamera genügend Speicherplatz hat.
- Fixiere die Kamera. Entweder mit einem Stativ oder auf einem flachen Untergrund.
- Wenn deine Kamera nur mit Zeitlimit filmt, nutze die Pausen, um die Perspektive zu wechseln.
- Verpasse dem Video mit lebhafter Musik mehr Schwung.

Setze das fertige Werk besonders gut in Szene.

Spiele mit der Perspektive

Spiele mit der Kameraperspektive, damit Menschen, Tiere oder Requisiten größer oder kleiner wirken. Schau dir an, wie eine Requisite zum Riesen wird – oder sind in Wirklichkeit die Menschen geschrumpft?

So geht's

Mit der Kamera näher an Personen, Tiere oder Dinge heranzugehen, erzeugt den Eindruck, dass sie größer sind als weiter entfernte Personen, Tiere oder Dinge.

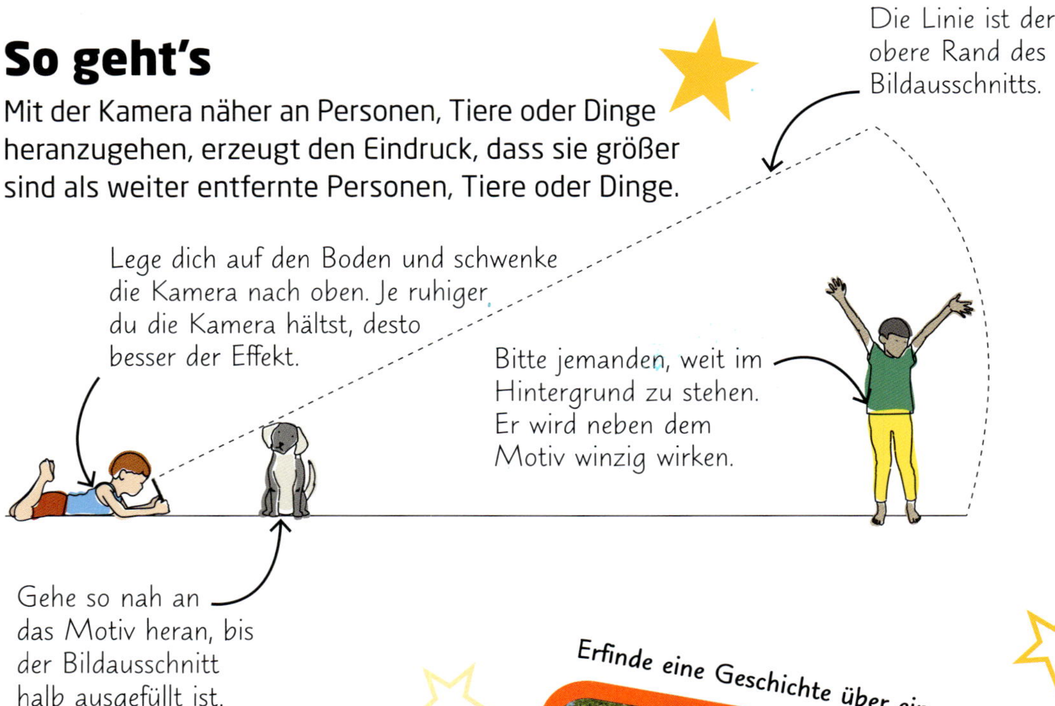

Sei einfallsreich!

Sobald du den richtigen Kamerawinkel kennst, kannst du den Trick in jedem Video anwenden. Probiere diese super Ideen einmal aus. Dir fällt bestimmt auch noch mehr ein!

Diese Technik eignet sich gut für Actionszenen.

Füge bei der Postproduktion Grafiken ein.

Besorge eine kleine, leichte Drohne, die einfach zu steuern ist.

Die Kamera sitzt auf der Unterseite der Drohne und filmt beim Fliegen.

Dreh mit Drohne

Eine Drohne ist ein Fluggerät, das ferngesteuert wird. Manche Drohnen haben eine eingebaute Kamera, die Aufnahmen aus der Luft ermöglicht. Du kannst ein ganzes Video mit einer Drohne drehen oder nur ein paar Einstellungen von oben für ein größeres Filmprojekt.

Surfwetter!

Ein Strand eignet sich, um fliegen zu üben, solange es nicht zu voll ist und Drohnen erlaubt sind. Diese Drohnenaufnahme für ein Surfer-Video eröffnet die Szene und weist auf die kommende Handlung hin.

Steuerung der Drohne

Eine Kameradrohne fliegt mit Hilfe von vier Propellern. Du kannst sie beim Filmen mit deinem Handy steuern. Das Video wird entweder auf der Speicherkarte der Drohne aufgezeichnet oder direkt auf deinem Smartphone.

Vogelperspektive

Drohnen sind ideal, um große Ereignisse oder Landschaften zu filmen, und bieten einzigartige Perspektiven. Filmemacher können sie auf verschiedene Weise nutzen.

Fliege über einen Strand oder Park als coole Eröffnungsszene.

Die Luftaufnahme verspricht ein atemberaubendes Video, da die Surfer im Vergleich zum Meer winzig wirken.

✓ Dos

- Du musst die örtlichen Vorschriften kennen, um sicher und legal zu fliegen. An manchen Orten, z. B. in Stadtzentren oder bei großen Ansammlungen von Menschen gibt es ein Flugverbot.
- Unternimm am Tag vor dem Dreh Übungsflüge.
- Gib den Schauspielern Anweisung, ob sie zur Drohne schauen sollen oder nicht.
- Sobald du in der Steuerung geübt bist, kannst du spannende Flug-Einstellungen ausprobieren.

✗ Don'ts

- Kaufe eine kleine, leichte Drohne. Schwerere Modelle dürfen nur von Erwachsenen mit Führerschein geflogen werden.
- Fliege weder zu tief noch zu hoch. Du musst ständig Sichtkontakt zur Drohne haben.
- Fliege nicht zu nah an Tiere, Menschen oder Objekte heran.
- Fliege nie bei Nacht oder an Tagen, an denen es windig ist. Es ist zu gefährlich und die Aufnahmen verwackeln.

Verschaffe dir neue Blickwinkel.

Erkunde deine Heimat von oben.

Hochladen und Teilen

Sobald dein Video fertig ist, kannst du es mit anderen teilen. Zeige dein Werk z. B. bei örtlichen Filmfestivals oder Schulveranstaltungen. Das größte Publikum findest du allerdings online. Damit es im Internet zu finden ist, musst du dein Video hochladen.

✓ Internetsicherheit

- Stell nie ohne Erlaubnis deiner Eltern ein Video online!
- Benutze nur sichere Suchmaschinen und Webseiten.
- Chatte in Foren nur mit Leuten, die du kennst.
- Überlege dir genau, wo und mit wem du dein Video teilst. Ist die Webseite öffentlich oder privat? Passe unbedingt die Datenschutzeinstellungen deines Videos an.

Virales Video

Wenn du dein Video auf der richtigen Website mit optimalen Einstellungen hochlädst, kann es sich viral, wie ein Virus, verbreiten. Dafür müssen es viele Personen teilen und weiterempfehlen.

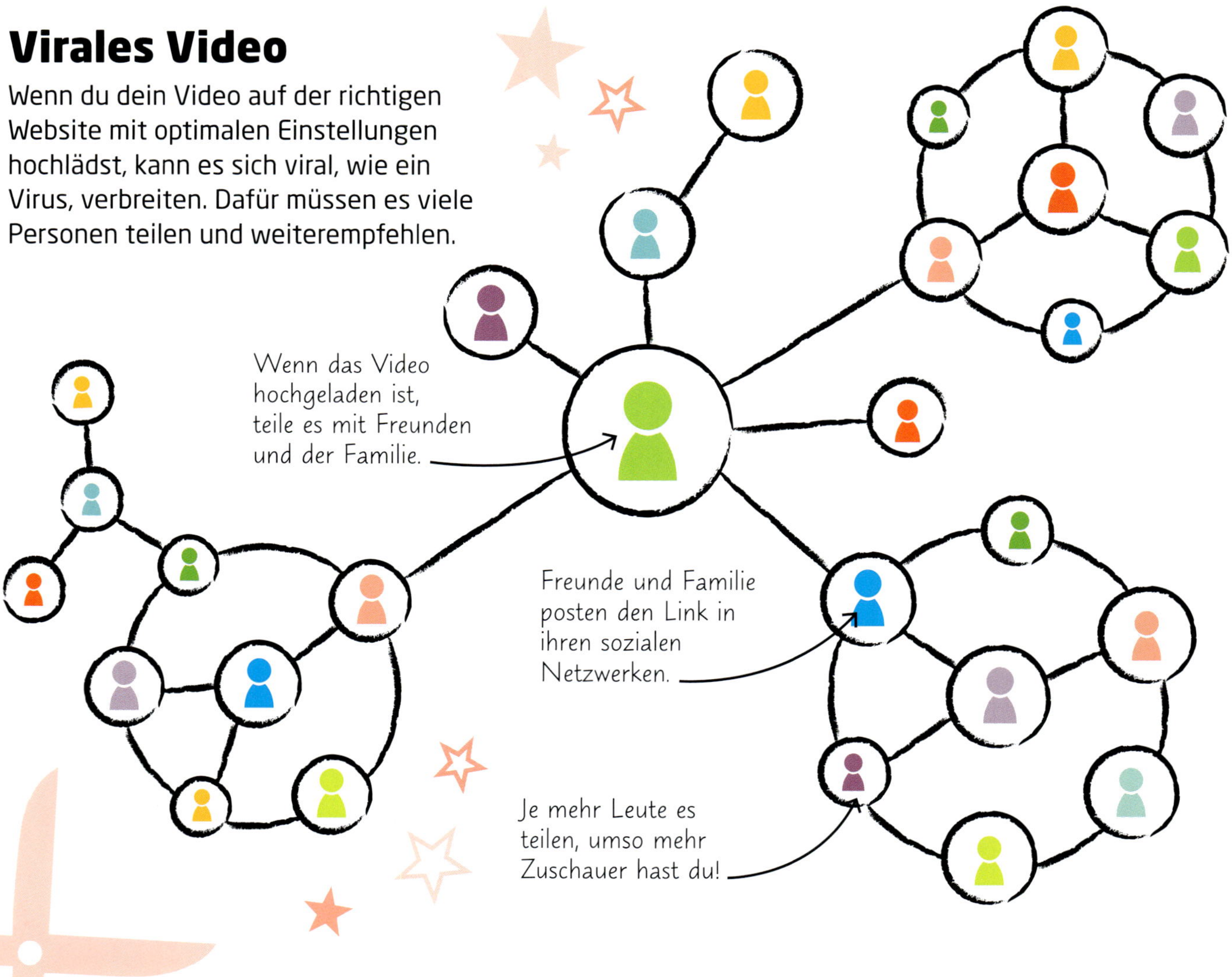

Hochladen

Die bekanntesten Video-Webseiten werden von Millionen Menschen besucht. Sie müssen dein Video aber erst einmal finden, um es anzusehen. Hilfreich sind Informationen und Schlagwörter, die du zusammen mit dem Video hochlädst.

Der Titel ist das Wichtigste! Er sollte kurz und bündig sein.

Ein kurzer Beschreibungstext liefert eine Vorstellung, um was es geht.

Auf dem Bauernhof

Als wir auf Freddies Hof Ferien gemacht haben, habe ich Schweine, Hühner und noch viele andere Tiere gesehen. Grunz!

Vermutlich wird beim Hochladen auf die Webseite eine kleine Vorschau angezeigt.

GELADEN 25 %

Wähle einen Hingucker als Vorschaubild, damit die Leute neugierig werden.

Gib Schlagwörter ein, um die Suche zu erleichtern.

Bauernhof | Schweine | Ferkel | Hühner | Pferde
Abenteuer | Erkundungen | Natur | Heu | Tiere

VIDEO POSTEN

TEILEN

Teile das Video auf deiner Homepage oder in den sozialen Netzwerken.

Register

Bildnachweis

Der DK Verlag dankt:

Mohd Rizwan für Bildfreistellungen. Rashika Kachroo für die Organisation der Bildbereitstellung. Allison Singer für zusätzliche Illustrationen. Ewan Macdonald und Evan Raab für zusätzliche Fotos.

Der Verlag dankt folgenden Personen und Organisationen für die freundliche Genehmigung zum Abdruck von Fotos: (Abkürzungen: o = oben, u = unten, m = Mitte, l = links, r = rechts, g = ganz)

2 123RF.com: snake3d (m). **Alamy Stock Photo:** D. Hurst (mr). **Dorling Kindersley:** Lindsey Stock (mu); National Music Museum (mro). **3 123RF.com:** belov1409 (mlo). **Dreamstime.com:** Svetlana Yashina / Voinsveta (mu). **4 123RF.com:** Bonzami Emmanuelle (m); Ferli Achirulli (mu). **5 123RF.com:** Aquira Phoyoo (mu); dmbaker (mr); Gunnar Pippel / gunnar3000 (m); Sataporn Jiwjalaen / onairjiw (mur). **Dreamstime.com:** Dave Bredeson (gor); Yongkiet (m/ Kameraansicht). **6 iStockphoto.com:** Joakimbkk (mu). **7 123RF.com:** Shaffandi (mu). **Alamy Stock Photo:** Anthony Brown (gol). **8 Dreamstime.com:** Hotshotsworldwide (mur). **9 iStockphoto.com:** stockstudioX (u). **10 123RF.com:** Jillwt (gor). **11 123RF.com:** Kanoksak Tameeraksa (ml); Paolo Airenti (mu). **Getty Images:** Jupiter-images (ul). **12 Dreamstime.com:** Gow927 (ur). **Getty Images:** Jeffrey Penalosa / EyeEm (mul). **13 Dreamstime.com:** Anton Matushchak (ur). **14 Dreamstime.com:** Andersastphoto (mor). **14–15 Dreamstime.com:** Photographerlondon. **15 123RF.com:** Christian Musat (mu). **Dreamstime.com:** Luis Louro (mugr); Mozzyb (mor); Toniflap (mugr/Andes). **18 Ala Uddin:** (r). 20 Ewan Macdonald: (mr). **21 123RF.com:** Maglara (go). **Alamy Stock Photo:** Mark Green (go/Dinosaurier). **Getty Images:** Dirk Anschutz (ul). **22 123RF.com:** Varin Rattanaburi (mu). **Alamy Stock Photo:** Clement Morin (gor). **iStockphoto.com:** AleksandarNakic (mu). **22–23 iStockphoto.com:** AleksandarNakic. **23 Evan Raab:** (u). **25 Dreamstime.com:** Orangesquid (mu).

Cover
(Die Lochis):
Artists: Heiko Lochmann, Roman Lochmann
Management: VYBE Brothers Entertainment GmbH
Fotografin: Delia Baum
(Hund): 123RF.com: Damedeeso
Umschlaginnenseite
Foto: Fee Grönemeyer

Alle anderen Abbildungen © Dorling Kindersley

Weitere Informationen unter www.dkimages.com

Impressum

Arnulfstr. 124, 80636 München
b2b@dk-germany.de
Ein Unternehmen der Penguin Random House Group
Genehmigte Sonderausgabe 2018
Bereich Creative Solutions and Corporate Sales
Nr. 2018-CS-006

Druck und Bindung:
TBB, a.s., Slovakia
131604/12

Die Inhalte dieser Sonderausgabe wurden zusammengestellt aus folgendem Originaltitel: Coole Videos drehen. Von der Idee zum YouTube-Hit (ISBN 978-3-8310-3565-6)

MIX
From responsible sources
FSC® C022120
www.fsc.org

McDONALD'S®
JUNIOR CLUB
junior club
TOLLE GUTSCHEINE!
GUTSCHEIN FÜR EINE HAUPTSPEISE
SUPER GEWINNSPIELE
SPANNENDE GESCHICHTEN
HAPPY MEAL® NEWS
COOLE FACTS
SO SCHMECKT SPASS!
happy meal
EIN HAPPY MEAL GRATIS ZUR ANMELDUNG EURER KIDS!
McDONALDS.DE/JUNIOR-CLUB
© 2018 McDonald's
In allen teilnehmenden Restaurants.

FILM

Eigene Videos drehen? So wird's gemacht: Von der Idee über das Skript und die Regie bis zur Nachbearbeitung erfährst du in diesen Büchern einfach ALLES übers Filmemachen!

Trickfilmwerkstatt
So drehst du Animationsfilme mit Handy oder Digitalkamera
Ab 8 Jahren
€ 19,95 (D) / € 20,60 (A) ISBN 978-3-8310-2460-5

Bildnachweis: Stock-Fotografie BorisRabtsevich 823789738, Stock-Illustration Teploleta 651506436